오늘 나의 하루

마음 일력 한 장 넘기며

출발합니다

시작이 참 순조롭습니다

12
월

31
일

올해 마지막 날

나에게 감사한다

참 잘했다

참 애썼다

참 수고했다

참 고맙다

좋은 시작이 좋은 끝을 만듭니다.

아침은 하루의 원인입니다.

저녁은 하루의 결과입니다.

그 하루하루가 모여 1년이 되고 결국 우리의 인생이 됩니다.

오늘부터 아침에 일어나자마자

《하루 한 장 마음 일력》을 넘깁니다.

그리고 그날의 확언을 3번 소리 내어 읽습니다.

1년 동안 매일매일 365가지의 지혜들이

당신을 희망으로 이끌어 갑니다.

이제 하루하루가 당신에게 축복의 날이 될 것입니다.

두 손 모아 바라고 바라며,

채환

매일 아침을
난생처음 맞이하는 날처럼
방긋 웃으며
아름답고 소중하게 살아가자
세상 사는 거 별거 없다
속 끓이지 말고 재밌게 살자

12
월

29
일

비우고

버리고

내려놓으니

그제야

편해지더라

1월 1일

날마다 새날

날마다 희망

날마다 좋은 날

날마다 웃는 날

오늘은 바로 그 첫날

12
월

28
일

시간은 해결사다

모든 것은

시간이 해결한다

1
월

2
일

나는 매일매일

모든 것이 좋아진다

Day 361

12
월

27
일

꼬리가 몸통을 뒤흔든다

작은 생각의 꼬리 하나가

인생 전체를 움직인다

1 월

3 일

내 인생을 바꿀 수 있는
사람은 바로 나다
나 자신을 찾아
내가 하고 싶은 것과
내 행복을 위해
난 오늘도 일어선다

12
월

26
일

삶을

즐길 줄 아는 자는

이미 억만장자다

1
월

4
일

나는 지금 이 순간부터

우주가 가져다주는 모든 행복과

끝없는 풍요로움에

내 마음의 문을 활짝 열고

그 축복을 지금 이 순간

감사히 받아들인다

Day 359

12
월

25
일

올 한 해 마주한 모든 인연들
다음 해에 만날 모든 존재들이
하늘의 축복 속에
어느 곳에서도 걸림이 없이
물 흐르듯 모든 면에서
좋아지시기를

생각이 말이 되고

말이 행동이 되고

행동이 습관이 되고

습관이 내 삶이 된다

그 시작이 바로 지금 이 순간의 '생각'이다

그러니 한 생각은 부메랑처럼 되돌아온다

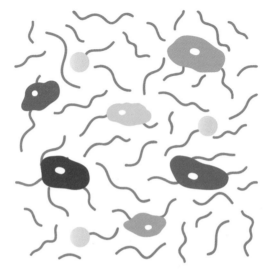

거룩하고

겸허하게

원만하고

둥글게

1월 6일

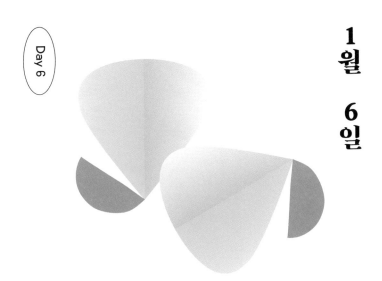

나는 무한한 부를 끌어당긴다

나는 어떤 곳을 가도 성공한다

나는 무한한 풍요에 가까워진다

12월

23일

화해한다

나와 화해한다

못마땅했던 나와 화해한다

아픈 기억과 상처 속에

있던 나와 화해한다

나는 나를 끌어안는다

1월

7일

오늘 아침

어제보다 더 나은 하루를 시작할 수 있음에

감사합니다

매일 어제보다 더 큰 풍요로움이 나에게 다가옴에

감사합니다

**12
월**

**22
일**

오래된 나무일수록

기대고 싶어진다

나이가 들어간다는 것은

기대고 싶은

존재가 되어가는 것이다

1월 8일

나는 좋은 꿈을 꾼다

내가 꾸는 꿈은 곧 현실이 된다

좋은 꿈은 매일 이루어진다

오늘이 그 시작이다

내 꿈은 반드시 이루어진다

뱀은 허물을 벗지 않으면 죽는다

허물을 벗는 것은

틀에 박힌 생각을 깨뜨리는 것이다

그 생각 깨뜨려라

그 감정 깨뜨려라

그 느낌 깨뜨려라

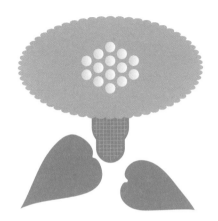

지금 딱, 선택한다

나는 기쁨을 선택한다

나는 풍요를 선택한다

나는 행복을 선택한다

나는 희망을 선택한다

나는 지금 이 선택을 확신한다

걷는 모든 길이 평화롭고
하는 모든 말이 향기롭다
걷는 모든 길이 희망이고
사는 모든 순간이 행복이다

100년이 고작 3만 6천여 일에 불과한데

먹고, 잠자고, 노는 시간 빼니

참된 날들 365일도 어렵겠네

하루라도 참되게

하루라도 바르게

하루라도 정답게

천천히 지켜보면

자세히 볼 수 있다

자세히 살펴보면

고요한 걸 만난다

그것과 친구 되다 보면 평온해진다

아주 좋다

1월 11일

오늘 이 순간

우주가 준 가장 큰 선물은

'바로 지금 여기'라는 선물이다

'바로 지금 여기'가 행복이고

'바로 지금 여기'가 꽃길이다

12
월

18
일

시계를 만든 자가

시계를 고치듯

나를 만든 내가

나를 치유한다

나는 치유의 힘을 가진 존재다

머슴이 되지 말라

주인이 되어라

어느 곳에서든 자신을 잃지 말라

어느 자리에서든 내 호흡을 잃지 말라

그 자리가 어디든 희망을 잃지 말라

깨어있다는 것은

곧, 지켜보는 것

찰나의 온전한 주인으로

그 순간을 지켜보는 것

1월 13일

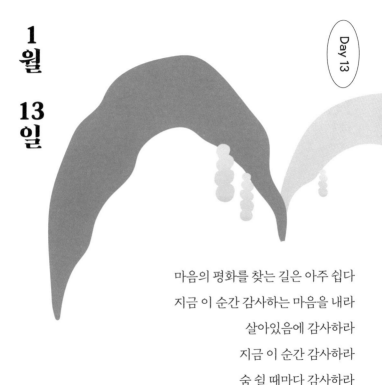

마음의 평화를 찾는 길은 아주 쉽다

지금 이 순간 감사하는 마음을 내라

살아있음에 감사하라

지금 이 순간 감사하라

숨 쉴 때마다 감사하라

12
월

16
일

세상 모든 존재들이

매일매일 좋아진다

그 중심이 나다

내가 세상을 좋아지게 한다

내가 곧 우주이기에

세상은 내가 원하는 대로 움직인다

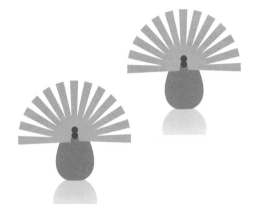

1월
14일

지금 나에게 일어나는

모든 상황들은

수천 년 전부터 우주가 신중히 판단하여

펼쳐 보이고 있는

꼭 필요한 상황이다

12
월

15
일

나는 모든 순간에
자신 있게 대한다
나에게 오는 모든 순간은
깨달음의 시간이다
나는 분명히 깨닫고 넘어간다
그러니 아무 걱정이 없다

1월

15일

현상을 알아차려라
감정을 알아차려라
모든 것을 받아들여라
이 모든 과정을 기억하라
그리고 흘려보내라
이것이 괴로움의 소멸이다

12
월

14
일

생각을 정리하라
마음을 정리하라
욕구를 정리하라
감정을 정리하라
느낌을 정리하라
매일 가지치기하라

1월

16일

조금은 내가 먼저여도 괜찮다

한 번쯤은 거절해도 괜찮다

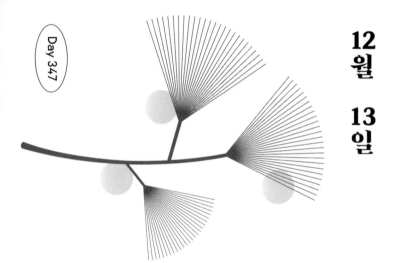

좋은 때란 없다

지금이 가장 좋은 때다

바로 지금이

내 인생을 바꿀 수 있는

최적의 때다

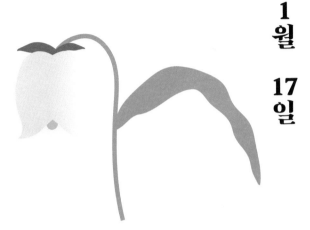

홀로 행하되 게으르지 말고

비난과 칭찬에도 흔들리지 말라

나는 차분하고 담담하다

나는 평온하고 충만하다

지금 있는 그대로 온전하다

12월

12일

크다

아주 크다

본래 크다

아주 큰 존재다

바로 내가

그렇다

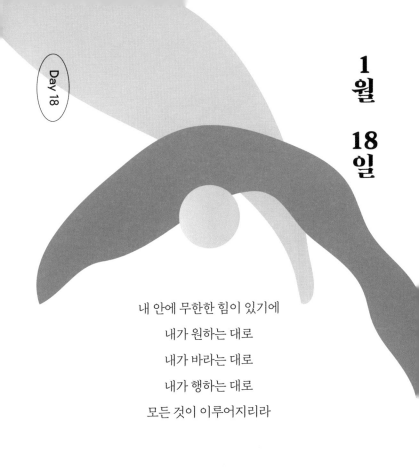

1월 18일

내 안에 무한한 힘이 있기에
내가 원하는 대로
내가 바라는 대로
내가 행하는 대로
모든 것이 이루어지리라

나는 이루어진다는 것을 믿는다

나는 행복해지는 것을 믿는다

나는 주인공이라는 것을 믿는다

나는 내가 기적이라는 것을 믿는다

1
월

19
일

혀를 잘 다스려라

유언을 남기듯

신중히 말하라

흐르는 강물은

뒤돌아보지 않는다

뒤도 앞도 분별하지 않고

다만 제 갈 길로 갈 뿐

오로지 그 순간에 깨어있듯

우리도 그렇게 흘러가야 한다

영원히 살 것처럼 욕심 내지만

결국 모든 존재는 사라진다

매 순간마다 감사한 마음으로

비교하지 않고 나누며 살아간다면

그것이야말로 진정 최고의 삶이다

12월 9일

오늘 하루도 나를 지켜주신

세상 모든 선한 신들께 감사합니다

오늘 하루도 나를 보호해주신

우주의 모든 에너지에 감사합니다

오늘 하루도 나를 살아가게 해준

나의 무한한 잠재의식에 감사합니다

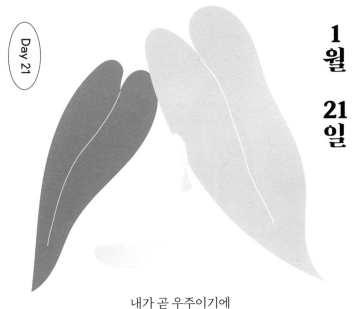

1월

21일

내가 곧 우주이기에

내가 생각한 대로

내가 마음먹은 대로

이 세상을 움직이리라

12
월

8
일

들뜨지 말라
불안해하지 말라
의심하지 말라
게으르지 말라
회의적이지 말라
무기력하지 말라

1
월

22
일

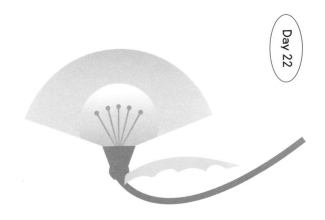

평온한 마음으로 살고 싶은가?

그 원하는 마음을 내려놓아라

그 구하려는 마음을 내려놓아라

이미 평화롭다

이미 평온하다

12
월

7
일

잡초 무성한 들판도
지금 가꿈을 시작하면
아름다운 정원이 된다

내가 만들면 내가 받고
나에게서 나아가 나에게로 다시 온다

1
월

23
일

만일 어제까지의 당신이

아팠다면 이제 아프지 않고

어두웠다면 이제 밝아지고

슬펐다면 이제 활짝 웃고

추웠다면 이젠 따뜻해진다

12
월

6
일

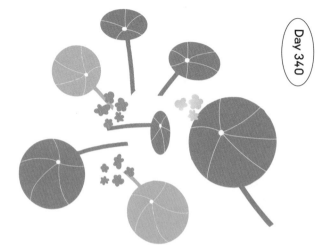

힘들면
잠시 내려놓자
그래,
모두 다
내려놓아보자

나는 자유롭다

나는 무소의 뿔처럼 당당하게 나아간다

세상의 그물에 결코 걸리지 않는 바람처럼

머뭇거림 없이 자유롭게 나아가고 살아간다

그게 바로 내 모습이다

나를 도울 수 있는
유일한 존재는 바로 나다
내 마음속 한중간에
변함없이 나의 희망 의식이 있다
그 힘이 나를 매 순간 좋은 곳으로
이끌고 있음을 잊지 말라

내 삶에 항상 감사하라

감사는 행복을 만드는 불씨다

감사는 행복을 만드는 씨앗이다

감사는 행복을 만드는 뿌리다

지금 감사합니다

매일매일 감사합니다

12
월

4
일

붙잡지 마라

모든 것은 흘러간다

1월

26일

세상에서 잃는 것은

아무것도 없다

세상에서 얻는 것도

아무것도 없다

잠시 가졌다가 인연이 다하면

제자리로 되돌아가는 것일 뿐

12월 3일

나는 참 소중한 존재

그 누구와도 비교할 수 없을 만큼

빛나는 존재

나는 나를 아끼고 사랑한다

나는 나를 보듬고 챙긴다

나는 내가 참 소중하다

**1
월

27
일**

그 누군가 당신에게

어떠한 모진 말을 한다 해도

흔들리지 마라

그 누가 뭐라 해도

당신은 희망이다

나는 이미
경이롭다
나는 이미
큰사람이다
나는 이미
큰 존재다

내 인생에 가장 큰 영향을

끼치는 세 가지는

지금의 생각

지금의 말

지금의 행동이다

12월 1일

과거는 지나갔다
미래는 오지 않았다
오직, 지금뿐이다
바로 지금
한 호흡이 들어가고
한 호흡이 나갈 뿐

1월

29일

이미 내 안에는
무한한 힘이 있다

오늘 이 문장을 가슴에 새긴다
매 순간 잊지 않는다
그것이 시작이다

11월

30일

감사하며 살아라

용서하며 살아라

이해하며 살아라

사랑하며 살아라

나누며 살아라

희망하며 살아라

생각을 사라지게 하는 다섯 가지 사유법

1. 일어나는 생각을 거부하지 말기

2. 생각이 일어나는 것을 이해하기

3. 생각을 방치하지 말고 다독여주기

4. 생각을 관찰자 입장에서 바라보고, 받아들이기

5. 생각을 인정하고 일어남을 알아차리기

11
월

29
일

대접 받고

싶은 만큼

남에게

해주라

바라고 바라라

집착 없이 원하고 원하라

얽매이지 않고 행하고 행하라

그리고 그 마음을

하늘에 바쳐라

소원을 이루는

가장 쉬운 방법은

이미 내가 그 소원을 이루었음에

감사한 마음을 내는 것이다

2월 1일

오늘이 가장 귀하고
오늘이 가장 소중하며
오늘이 바로
내 생애 최고의 날이다

11
월

27
일

기억하라
내가 지금 살아있다는 것을
기억하라
지금 내가 존재한다는 것을
기억하라
내가 바로 희망이라는 것을

2
월

2
일

지금 이 순간

우리의 입에서 귀로

귀에서 다시 입으로

스며들고 흐르는 수많은 말들

그렇기에 나는 오늘도

적게 말하고 많이 들을 것이다

11
월

26
일

모든 것은

반드시

치유된다

2
월

3
일

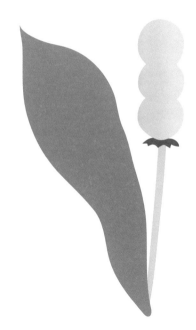

감정을 살피자

마음을 살피자

호흡을 살피자

조금 거리를 두자

조금 주변을 보자

편안해지기 시작했다

11월

25일

나는 매 순간 충분히 체험한다
그 어떠한 괴로움과 시련이 와도
그 속에는 우주가 나를 위해 준비한
사랑과 자비의 계획이
펼쳐지고 있다

2
월

4
일

순조로운 봄의 시작

순조롭게 맞이한 아침

순조롭게 봄이 왔으니

순조롭게 모두 풀려간다

따뜻하게 안아주자
지구에 하나밖에 없는 나를
진심으로 안아주자
세상에 하나밖에 없는 나를
더 많이 사랑해주자
우주에 하나밖에 없는 나를

2월

5일

힘든 존재가 내 눈앞에
나타남을 감사하게 하옵소서
작은 것이라도 나눌 수 있는 인연을
만남에 감사하게 하옵소서
자비와 사랑으로 봉사할 수 있는
지혜로운 존재가 되게 해주옵소서

11
월

23
일

인생이란

어떤 일이 생기느냐로

결정되는 것이 아니라

어떤 태도를 취하느냐에 따라

결정된다

2월 6일

내가 바로 주인공이다

내가 바로 창조자다

신은 다만 관찰자일 뿐

내가 바로 인생을 살아가는 주인공이다

내 인생의 주연, 그 존재가 바로 나다

내가 내딛는 발걸음마다

좋은 일이 끌려옵니다

내가 숨 쉬는 호흡마다

좋은 기운이 찾아옵니다

내가 움직이는 모든 순간마다

좋은 일들이 가득합니다

2
월

7
일

생각은 물건과 같다

가만히 놔두면 쌓인다

11월 21일

인과의 씨앗은

결코 사라지지 않는다

지어라

지어라

복을 지어라

자신을 믿고

그 누구에게도 의지하지 않고

자신 안에 있는 희망의 뜻을 깊이 세우고

평범한 일에 감사하며 살아가면

세상 모든 행운이 나를 돕는다

11월

20일

인생에서 만나는 그 누구도
무시하거나 상처를 주지 말라
지금은 당신이 힘이 있을지 모른다
그러나 기억하라
시간이 당신보다
더 힘이 세다는 것을

2
월

9
일

절대적인 높은 자존감은 존재하지 않는다

절대적인 낮은 자존감도 존재하지 않는다

그 누구와도 비교할 수 없는 존재

이 우주의 유일한 존재

그게 바로 나다

11
월

19
일

걱정이란 녀석은

관심을 주면

줄수록 커진다

흐르는 것이 어디 강물뿐이랴

내 마음은 평생을 그 자리인데

내 몸은 한순간에 멀리 가 있다

지나온 세월을 더듬으면 더듬을수록 어지럽다

지금 여기에 만족하고

지금 여기서 행복하라

**11
월

18
일**

내 인생은 잔잔하게 흘러간다
어느 곳이든 어느 자리든
물 흐르듯 평온하게 흘러간다
흐르는 강물처럼 평온함이
내 마음속에 가득하다

깨어있음이란
주변에서 일어나는 모든 상황들을
매 순간 온전히 알아차리는 것
지금 현재 이 순간에 머무르는 것
당신은 본래 깨어있는 자다

11월 17일

내가 가진 작은 것이라도

나눌 수 있는 인연을

만나게 해주옵소서

2월

12일

모든 인연은

나로 인해 시작됐다

상대에게 보이는 모든 장점이 곧 나다

상대에게 보이는 모든 단점이 곧 나다

상대가 곧 나의 모습이다

내가 곧 당신이다

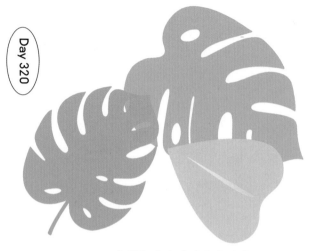

11월
16일

미래를 미리 걱정하지 말라

다만 하루하루 순간순간을

충분히 지켜보라

충분히 받아들여라

그거면 됐다

이제 풀린다

고통스러울수록

매 순간마다 그 고통을 바라보라

괴로울 때마다

그 괴로움을 살피고 지켜보라

그리고 구애받지 말라

그 순간 사라진다

11
월

15
일

나는 채워진다

나는 자연스럽게 충만해진다

나는 정화되고 깨끗해진다

나는 차분하고 담담하다

나는 평온하고 충만하다

그런 존재가 바로 나다

2월 14일

그럼에도 감사하라

그럴수록 감사하라

그것까지 감사하라

11
월

14
일

오늘 하루도

무사히 보낼 수 있음에

미리 감사합니다

2
월

15
일

운이 좋은 사람들의
공통점은 '편안함'이다
편안함이 마음과 얼굴에 머물면
나에게 좋은 운이 끌려온다
나는 지금 편안하다
나는 오늘 운이 좋다

불안해하지 말라

잘하고 있다

두려워하지 말라

충분히 잘해내고 있다

잘 헤쳐 나가고 있다

그러니 앞으로도 잘할 수 있다

2
월

16
일

괴로움의 반대는

즐거움이 아니다

진정한 마음의 평화다

**11
월

12
일**

어차피 이 생각은 변한다

어차피 이 생각은 사라진다

어차피 이 생각은 영원하지 않다

그러니 이 생각에 더 이상

마음 쓰지 말라

나는 지금 이 순간에 산다

지금 이 순간에 가장 솔직하며

지금 이 순간에 가장 아름답다

11월 11일

그 누구도

탓하지 않을 때

막혀있던 운이

풀리기 시작한다

2월 18일

누가 부탁한다면
그저 준다는 마음을 내고
준 다음은
내 것이 아니라고 마음을 내라

11
월

10
일

좋은 일이 생긴다

좋은 일이 다가온다

좋은 일이 가득하다

좋은 일이 넘친다

좋은 일 속에 살아간다

2월 19일

생각은 내가 아니다

감정도 내가 아니다

느낌도 내가 아니다

이름도 내가 아니다

이 몸도 내가 아니다

나라고 단정 짓는 모든 것은 내가 아니다

11
월

9
일

하되

함이 없이

행하라

호흡할 때마다 알아차리고

걸을 때마다 비워내고

만나는 모든 인연에

머리가 아닌 마음으로 대하며

타인과 내가 둘이 아님을 새긴다

자타불이(自他不二)

11
월

8
일

다른 곳에서

기적을 찾는 것을 멈추어라

거울로 다가가 미소를 지어라

세상에서 가장 큰 기적은

바로 당신이다

2
월

21
일

내 삶이 조금 더 행복해지려면

지금 계속 이어나갈 것과

끊어내야 할 것을 구별해야 한다

오늘 무엇을 이을 것인가

오늘 무엇을 끊을 것인가

11
월

7
일

나는 미동하지 않는다

그 어떠한 고난과 어려움이 있어도

나는 미동하지 않는다

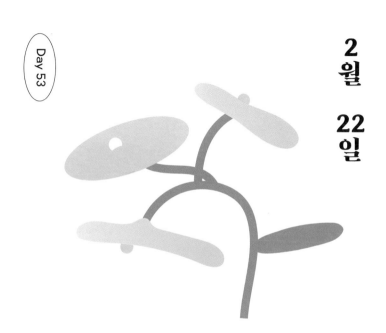

바람에 내맡겨야

꺾이지 않는다

**11
월

6
일**

그 어떠한 존재에게도

깊이 의지하지 말라

나의 희망의 뿌리를 믿고

그 믿음 안에 머물러라

절대 흔들리지 말라

2
월

23
일

세상 모든 존재들이
고요하고 평온해지시기를
세상 모든 존재들이
지금 그대로 행복해지시기를

내 삶의 주인은 나다

나의 생각 하나, 말 한 마디

행동 하나가 인생을 바꾼다

내 삶은 내가 만든다

내 삶은 내가 창조한다

내가 창조자다

2
월

24
일

몸서리칠 그 어떠한 고통이

찾아온다 하더라도

그 괴로움의 원인은

나에게 있음을 안다

그 의미와 이유가 반드시

나를 깨우치게 할 것이다

11
월

4
일

연꽃은 진흙에 물들지 않는다

바람은 그물에 걸리지 않는다

집착이 시작되면 반드시 고통이 따른다

집착은 내려놓고

다만 물 흐르듯 흘러가라

2
월

25
일

바른 뜻
바른 마음
바른 생각
바른 말
바른 행동
나는 바른 실천가다

11월

3일

판단하는 마음만 사라지면
마음이 편안해진다
분별하는 마음만 사라지면
인생이 평온해진다

2
월
26
일

나는 감사한다
매 순간 감사한다
모든 것에 감사한다
숨 쉴 때마다 감사한다
아무 이유 없이
감사한다

11
월

2
일

좋은 때는 따로 없다

지금이 가장 좋은 때다

더 나은 때가 따로 없다

지금이 가장 좋은 때다

내 인생을 바꿀 수 있는 가장 좋은 때

그때가 바로 오늘이다

2
월

27
일

매 순간마다 알아차림

지혜롭게 대응하며 알아차림

살피고 지켜보며 알아차림

인정하고 받아들이며 알아차림

오로지 알아차림뿐

삶의 목표는

명확히 하되

그것에

집착하지 말라

2
월

28
일

바라고 바라는 이에게는
막힘이 없다
원하고 원하는 이에게는
멈춤이 없다
행하고 행하는 이에게는
실패란 없다

10
월

31
일

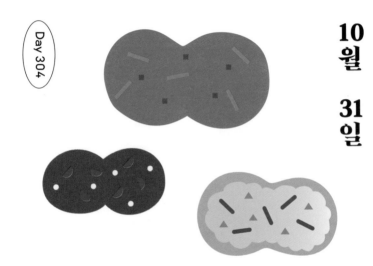

감사합니다
감사합니다
감사합니다
감사합니다
감사합니다

3월 1일

앉은 자리에서 일어나

힘차게 외쳐보자

이 세상에서 가장 소중한 존재가

바로 나라고

이 세상에서 오직 하나뿐인 존재가

바로 나라고

나이가 들어도 좋다

혼자여도 좋다

본래 인간은 혼자 와서 혼자 가는 법

짧고도 긴 여정에

오롯이 함께 하는 존재는

바로 '나'다

3
월

2
일

덧없는 구경거리가 가득한 이 세상

그래도 구경 한번

실컷 하고 간다는 마음으로 살아보자

한결 마음이 홀가분해진다

오늘도 구경하러 가자

10
월

29
일

표정은 얼굴을 만들고
얼굴은 운명을 바꾼다

나의 표정은 온화하다
나의 얼굴은 편안하다
나의 오늘은 평온하다

3월

3일

참고 살면

좋은 날 없다

10
월

28
일

인생의 해답은

내 안에 있다

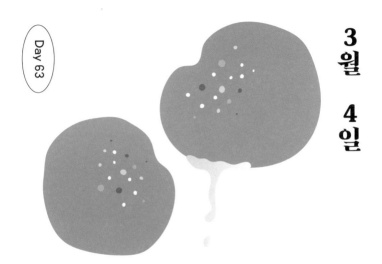

3월 4일

어떤 일을 하든

두려워하지 않으려면

그 결과를 마땅히 받겠다는

마음을 내는 순간

두려움은 사라진다

오히려 가까울수록

더 힘들다

친할수록 더 무섭다

나 또한 그런 존재임을

잊지 않아야 한다

3
월

5
일

살다 보면 맑은 날도 있고
살다 보면 흐린 날도 있지
즐거운 날도, 괴로운 날도
인생은 이렇게 돌고 돌 뿐
그러니 한날에 웃고 울지 말라

지나간 일들은

떠올리지 말고

이미 지나간 것들은

더이상 후회하지 말라

3월 6일

한 사람을 만나는 일은

한 상처를 만나는 일이다

상처와 상처가 만나는 일이니

서로의 상처를 보듬어줘야 한다

사랑은 그렇게 시작된다

10월

25일

나는 이미 귀한 존재다

나는 이미 평온한 존재다

나는 이미 온전한 존재다

이 세상에 단 하나뿐인

그 누구와도 비교할 수 없는 존재다

이것이 내가 살아갈 이유다

3월 7일

여유롭다

내 몸과 마음이 여유롭다

여유롭다

내 주변의 모든 상황이 여유롭다

점점 더 여유로워진다

날마다 여유로워짐에 감사합니다

10
월

24
일

상상하라

의심하지 말고 믿어보라

깊은 믿음으로 만족하라

이미 다 가졌다

단 한 번의 깊은 호흡을 쉬자

단 한 번에 아픈 마음을 흘려보내자

보듬고 쉬고 정성을 다하니

그 어떠한 고난도 머물지 않더라

10월

23일

용서하려 하지 말라

용서할 것도

용서 받을 것도 없다

다만 그 시절

누군가를 미워했던

그 시절 속의 나를 용서하라

3
월

9
일

기도하라 정직하게

기도하라 감사하게

기도하라 희망으로

우리 모두를 위해

나는 오늘도 기도합니다

나는 나를 용서한다

아무 이유 없이

아무 조건 없이

지금 그대로의 나를 용서한다

내 곁에 있는
모든 인연이 건강하시길
내 곁에 있는
모든 인연이 평온하시길
내가 모르는
모든 존재가 안전하시길

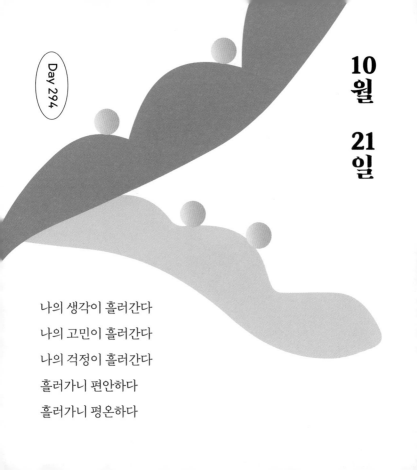

10
월

21
일

나의 생각이 흘러간다
나의 고민이 흘러간다
나의 걱정이 흘러간다
흘러가니 편안하다
흘러가니 평온하다

3
월

11
일

다만

희망을 놓지 마라

그러면

될 일은 반드시 된다

Day 293

**10
월

20
일**

오늘,

흔들려도 괜찮다

흔들리며 사는 것이 인생이다

다만, 알면 된다

흔들림은

비상을 위한 시간이다

3
월

12
일

나는

지금 이 순간

행복해지기를

선택한다

10

월

19

일

바라보니 깨어있었고

깨어있으니 알아차렸고

알아차리니 흘러가더라

Day 72

3
월

13
일

오늘 나는 큰 선물을 받았다

하루를 선물 받았다

24시간 1,440분 86,400초

오늘이라는 시간에 감사합니다

10
월

18
일

우리네 인생에 찾아왔던 소중한 날들

그날들도 소중한 날이어서 감사합니다

우리네 인생에 주어진 소중한 지금

오늘도 행복한 날이어서 감사합니다

우리네 인생에 다가올 하루하루

내일도 귀하고 좋은 날이어서 감사합니다

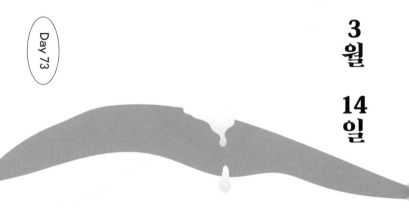

나는 오늘 괜찮은 사람이다

그 누가 뭐래도 괜찮다

나는 오늘 정말 멋지게 살아간다

나의 하루는 예술이다

나의 하루는 언제나 최고다

10월 17일

내 능력은 매일매일 성장한다
내 실력은 매일매일 상승한다
내 마음은 매일매일 평온하다
내 신체는 매일매일 건강하다
내 인생은 매일매일 잘된다

3
월

15
일

오늘 아침에도 어제보다 더 나은

하루를 시작할 수 있음에

감사합니다

오늘도 어제보다 더 평온함이

함께 하고 있음에

감사합니다

10
월

16
일

삶을 방해하는
단 한 가지는
의심하는 마음이다
삶을 살리는
단 한 가지는
청정한 마음이다

3월 16일

삶 속에 나타나는 그 어떠한 현상에도

불평하지 말라

지금 감사해하지 않는 것은

나를 돕는 신의 손길을

외면하는 것이다

나는 자유로워질 용기를 가진다

나는 행복해질 용기를 가진다

나는 모든 관계에서 자유로워진다

내 삶을 결정하는 건 오직 나다

오늘 하루는 내가 선택한 그대로 흘러간다

3
월

17
일

반드시

내가 옳다는 생각이

나를 병들게 한다

10
월

14
일

풍요가 파도처럼 밀려온다

사랑이 파도처럼 밀려온다

내 안의 사랑이 파도처럼 밀려온다

희망의 기운이 파도처럼 밀려온다

목마른 이가 샘을 만나듯이

배고픈 이가 빵을 만나듯이

헐벗은 이가 옷을 만나듯이

모든 절망은 결국 희망을 만난다

10
월

13
일

나에게 일어나는

모든 현상을 당연하게 여기지 말라

내 무의식이 원하고 원해서

모든 우주가 나를 돕기 위해

노력하고 있는 것이다

3
월

19
일

평화롭다

내가 하는 모든 일이

평화롭다

내가 만나는 모든 인연들이

평화롭다

내 삶 자체가 평화로운 안식처다

**10
월

12
일**

숨 쉴 때마다

그 숨소리에

귀를 기울여라

영혼의 소리를

들을 수 있을 것이다

내가 곧 자연이기에

자연과 마주할 때

자연 속에서 숨 쉬며

자연스럽게 살아갈 때

나는 자연스럽게 치유된다

나는 자연스럽게 건강해진다

10
월

11
일

모든 것은 흘러간다
그러니 걱정하지 말라
모든 것은 지나간다
그러니 걱정하지 말라
모든 것은 치유된다
그러니 걱정하지 말라

3
월

21
일

기도한다

살아있음에

기도한다

나를 위하여

기도한다

우리 모두를 위하여

지금 희망이라는 마법의 주문을 건다

이 축복받은 하루

내 몸과 마음은 이미 괜찮다

내가 걷는 모든 길들은 평화롭다

내가 하는 모든 말들은 향기롭다

내가 걷는 모든 길들은 희망이다

3
월

22
일

만나는 모든 인연이 편안하다

걷는 모든 길이 사랑이고

걸어갈 모든 길이 기적이다

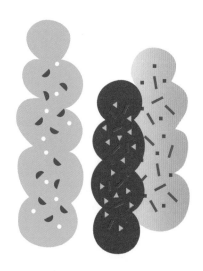

만나는 모든 존재들이

평화롭고 행복하게 살아가시길

만나는 모든 인연들이

건강하고 평온하게 살아가시길

만나는 모든 만물들이

매일매일 모든 면에서 좋아지시길

당연함이

가장 특별한 것임을

모든 인연이

나의 마음에서 시작된다

내가 웃으면 당신이 웃고

우리가 웃으면 세상이 웃는다

내게 돌아올 것은

미소뿐이다

오늘은

그 누구에게도

내 마음을 방해받지 않겠다

그 누구도 나의

평화를 깨뜨릴 수 없다

10월 7일

들숨을 느껴봅니다
날숨을 느껴봅니다
내 호흡의 소리를 듣습니다
내 호흡의 온도를 느껴봅니다

아, 평온하다

3
월

25
일

느낌이 올라오는구나
감정이 일어나는구나
생각이 떠오르는구나
일어나고 사라지고
생겨나고 흘러가고
다만, 그렇게 반복되는구나

10
월

6
일

마음껏 주어라

머뭇거리지 말고

내어 주어라

묵언이란

말을 하지 않는 것이 아니다

필요하지 않은 말을

내뱉지 않는 것이다

10
월

5
일

내 속에는 사랑을 움직이는 힘이 있다
내 속에는 돈을 움직이는 힘이 있다
내 속에는 희망을 움직이는 힘이 있다
내 속에는 세상을 움직이는 힘이 있다
내 속에는 우주를 움직이는 힘이 있다
내 속에는 기적을 움직이는 힘이 있다

혼자서 성공한 사람은 없다

주변의 모든 인연들과

함께 만들어가는 것이

진정한 성공이다

10
월

4
일

참 밝다

빛나고 따뜻하고

충만함이 넘치는 하루

저절로 풀리고

스스로 채워지니

이 세상 원할 것이 없네

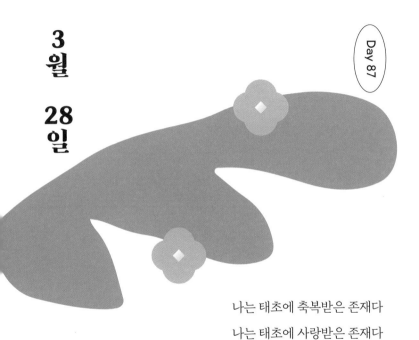

**3
월**

**28
일**

나는 태초에 축복받은 존재다

나는 태초에 사랑받은 존재다

나는 태초에 평온한 존재다

내가 바로 그 태초다

10월 3일

하늘이시여

당신은 오늘도

나를 지켜주셨습니다

지금 이 순간을

더 소중히 여기고

마음을 다하면

그것으로 충분하다

10
월

2
일

입가에는 미소

마음에는 평온

3
월

30
일

지금 내가 감사하면

감사한 일들이 생깁니다

감사는 기적을 부릅니다

모든 순간에 감사합니다

모든 날들에 감사합니다

오로지 감사뿐입니다

10
월

1
일

보물은 내 안에 있다

정답도 내 안에 있다

오늘은

보물과 정답이

드러나는 첫날이다

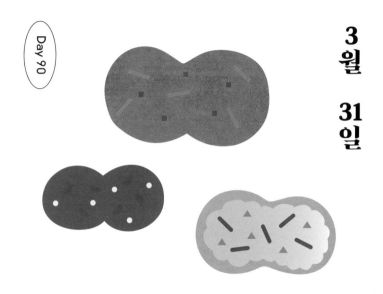

지금까지 잘해왔다

오늘도 잘했다

내일도 잘해낼 것이다

9
월

30
일

내 안에 우주가

존재합니다

내 안의 우주가

내 삶의 기적 공장입니다

내 마음속 기적 공장

오늘도 잘 돌아갑니다

4월 1일

이미 충분하기에

이미 온전하기에

이미 평온하기에

이미 자유롭기에

이미 희망이기에

이미 행복하기에

9
월

29
일

내 인생에서

일어나는

모든 원인과 결과는

나로부터

시작되었다

산에 가나 들로 가나

물속에 숨으나 구름으로 가리나

오로지 마음 쉴 곳 찾아 헤매니

딱 한 자리,

와글와글 생각 떠난 자리

바로 그 자리가 내 마음 쉴 자리네

9월

28일

나는 나의 목표로 다가간다

나는 내가 원하는 모습으로 가고 있다

그 모습이 점점 다가온다

가까워진다

곧 머지않았다

4
월

3
일

나무는

떠들지 않는다

내 삶은 언제나 풍요롭다

내 마음도

내 지갑도

내 행복도

날마다 날마다 풍요로워진다

날마다 날마다 행복해진다

나는 지금 존재한다

그래서 기쁘다

살아있으니까

무엇이든 할 수 있으니까

9
월

26
일

그저 시도하라

도전하라

실천하라

그리고 흘러가라

그 후 결과에는 관여치 마라

그저 우주와 자연에게 내맡겨라

4월

5일

산과 바다를 더럽히지 않습니다

물을 오염시키지 않습니다

조금 덜 쓰고

조금 덜 버리고

조금 덜 사용합니다

9
월

25
일

살아가는 동안

그 어떠한 가혹한 말을 듣는다 해도

당신이 희망임을

잊지 말라

4월 6일

귀한 사람

소중한 사람

참 편안한 사람

사랑스러운 사람

아껴주고 싶은 사람

오늘도 나는 그런 사람

9
월

24
일

이 또한 지나가리

이 또한 흘러가리

이 또한 사라지리

4월 7일

한 생각
한 호흡
한 말투
한 행동
이렇게 하나씩 모여
인생의 퍼즐이 맞춰진다

9

월

23

일

다만 희망을 포기하지 마라

그 희망은

하늘과 우주가 준

가장 큰 선물이다

인생에서

가장 비겁한 변명은

'시간이 없어서'이다

9
월

22
일

일체 모든 것은

마음이 만들어 낸

일회용품이다

그러니

두 번 쓰지 마라

4
월

9
일

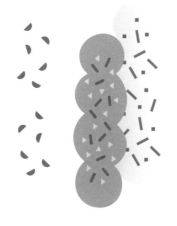

오늘 나는 겸손한 말을 합니다

예의 바른 말을 합니다

진실하고 다정스러운 말을 합니다

신뢰와 믿음의 말을 합니다

편안하고 평온한 말을 합니다

9월

21일

내 인생의 주인공은 바로 나다

그 누가 뭐라 해도

내가 바로 주인공이다

그 누가 뭐라 해도

내가 바로 주인이다

4
월

10
일

내 안에 있는 벽을 허무는 일

그 시작은

지금 내 곁에 있는 모든 만물에

사랑을 갖는 마음이다

매 순간 뿌리를 내리고
어떠한 역경과 곤란 속에서도
희망으로 성장한다는 믿음을 가지고
충실히 살아가며 내맡겨라
주어질 것은 주어지고
흘러갈 것은 흘러가리니

4
월

11
일

다만

물 흐르듯

그냥 하라

흐르는 강물처럼

그냥 흘러가라

9
월

19
일

믿는 자는

결국 얻는다

행하는 자는

결국 가진다

4
월

12
일

매일매일 좋아진다

매일매일 개선된다

매일매일 치유된다

매일매일 건강해진다

매일매일 편안해진다

매일매일 모든 게 잘된다

9
월

18
일

나를 아끼고
사람을 아끼고
나무를 아끼고
지구를 아끼고
우주를 아긴다
내가 곧 우주이니

나는 나를

아이처럼

항상 어여쁘게 본다

9월

17일

나의 인생에 드러날 놀라운 기적들이

나를 향하고 있습니다

나의 삶 속에 찾아올 행운의 기회들이

나를 기다리고 있습니다

내가 가는 곳마다 좋은 인연들이

나를 찾아오고 있습니다

4
월

14
일

같이 살아갈 사람

같이 얘기해줄 사람

같이 비를 맞아줄 사람

같이 눈물 흘려줄 사람

평생 같이 해줄 사람

나밖에 없네

9월 16일

뭘 해도 잘 되는 사람

뭘 해도 잘 풀리는 사람

뭘 해도 잘 해결되는 사람

누가 뭐래도 나란 사람

오직 나만을 생각하는
어리석음을 참회합니다
오직 내가 옳다라는
어리석음을 참회합니다
오직 나만 챙기는
어리석음을 참회합니다

9
월

15
일

오늘 내가 살아있는 것이
참 다행입니다
하루라는 귀한 시간을 얻었으니
오늘은 화를 내지 않고
어려운 일에도 인내하겠습니다
좋은 말을 하고 좋은 일을 하겠습니다

안 되는 일에

마음 쓰지 마라

지금 이 순간

할 수 있는 일을

하면 된다

9월 14일

숨 쉴 때마다 사랑이구나

숨 쉴 때마다 축복이구나

숨 쉴 때마다 기적이구나

숨 쉴 때마다 감사뿐이구나

4
월

17
일

여유롭다

이미 여유롭다

매일매일 여유롭다

숨 쉴 때마다 여유롭다

참 여유롭다

9월

13일

물끄러미 바라본다

있는 그대로 지켜본다

편안하게 내려놓는다

물 흐르듯 흘려보낸다

그제야 평온이 찾아왔다

4

월

18

일

그 어떠한 시련도

결국은

지나간다

9월

12일

풍요와 나는 하나다

평온과 나는 하나다

감사와 나는 하나다

행복과 나는 하나다

기적과 나는 하나다

희망과 나는 하나다

4월

19일

마음이 편안하면

그곳이 바로 행복자리다

지금 당신의 마음이 편안하다면

이미 당신은 행복의 주인이다

9월

11일

날마다
날마다
모든 것이
좋아진다

4
월

20
일

함부로 생각하지 말라

함부로 말하지 말라

함부로 행동하지 말라

함부로 습관 짓지 말라

함부로 살지 말라

9
월

10
일

그 생각은 곧 끝이 난다

그 생각은 더 이상 나를 따라다니지 못한다

그러니 떨어져 나갈 생각에

마음 주지 마라

마음 쓰지 마라

이미 떨어져 나갔다

4
월

21
일

따뜻한 눈빛

입가에는 미소

편안한 마음

평온한 하루

매일매일 좋은 날들

오늘도 좋은 날

9월 9일

나와 모든 것이

딱 맞는 사람은 없다

지나고 나면 모든 것이

한바탕 봄날의 꿈임을 안다면

주어진 나날에 아등바등

한숨만 쉬며 보낼 필요는

없지 않겠는가

9 월 8 일

배워라

실천하라

공경하라

4
월

23
일

후회하지 말기

욕심을 조금 버리기

나 자신을 알고 용서할 줄 알며

항상 웃으며 살아가기

9 월

7 일

나는 운이 좋다
나는 운이 좋은 사람이다
나는 뭘 해도 운이 따른다
나는 오늘 하루도
최고의 운으로 시작한다

4
월

24
일

내가 심으면
내가 거두고
내가 뿌리면
내가 줍는다

9월 6일

구하는 마음이

괴로움이다

4
월

25
일

잘 풀리지 않는 문제가 있는가?

그럼 먼저 그 문제와 거리를 두라

지금 바로 해결하려 하지 말고,

급한 마음을 알아차려라

잠시 심호흡하라

그 호흡 사이에 지혜가 들어온다

같은 종류의 나무라도
같은 뿌리 모양이 없듯이
사람도 각자 마음뿌리 모양이 다르다
내게 딱 맞는 사람이 없는 게 당연하다
다 다르다는 것을 인정하고 받아들이면
모든 인간관계에서 편안해진다

4
월

26
일

이유 없이

감사하라

9월 4일

시간이란 본래 없는 것
시간이란 인간이 만든 것
시간에 쫓겨 살지 않으리
시간의 노예가 되지 않으리
그저 시간과 함께 흘러가리

4월

27일

지금 이 순간 나는 살아있다

살아있는 이 순간이 기적이다

기적은 살아있는 자의 것이다

그러니 내가 기적임을

나는 알고 있다

9월 3일

생각은
생각일 뿐,
내가 아니다

미래를 궁금해하지 말라

미래는 아주 간단하다

지금 당신이 자주 하는 그 생각이

바로 당신의 미래다

9월 2일

항상 살펴봅니다

아주 세심히

항상 깨어있습니다

아주 면밀히

항상 실천합니다

낙숫물이 바위를 뚫듯이

4월

29일

세상 모든 존재들이

번뇌와 괴로움에서 벗어나

건강하고 평온하시기를

지금 그대로 행복해지시기를

9
월

1
일

모든 면에서

풍요로운

내 인생의 첫날

4
월

30
일

아픈 사람에 대한 자비심을 냅니다
슬픈 사람에 대한 측은지심을 냅니다
가난한 사람에 대한 자비심을 냅니다
외로운 사람에 대한 측은지심을 냅니다

8월

31일

다가왔습니다

어제보다 나은 오늘이

다가오고 있습니다

오늘보다 나은 내일이

5
월

1
일

당연한 것이

가장 특별한 것이다

당연히 살아있는 오늘이

가장 특별한 첫날이다

8
월

30
일

생각이 변하면 말이 변하고

말이 변하면 행동이 변하고

행동이 변하면 습관이 변하기에

인생이 바뀐다

나는 지금 이 순간 좋은 생각을 한다

**5
월

2
일**

나는

매 순간 사랑하고

매 순간 감사한다

그렇게 매 순간

사랑하고 감사하니

매 순간 그 마음만 일어나더라

8월

29일

가장 소중하고

가장 아름답고

가장 귀하다

지금 이대로의 내 모습

오늘도 참 고맙다

5
월

3
일

눈에 보이지 않는다고
존재하지 않는 것은 아니다

8
월

28
일

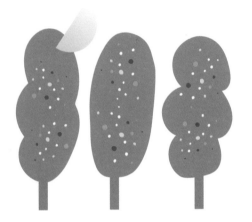

비바람이 몰아치고

어떤 존재가 잎을 꺾고

어떤 존재가 뿌리를 끊어내고

어떤 존재가 껍질을 벗겨내더라도

나무는 자라기를 멈추지 않는다

5월 4일

앞으로 어떤 일이 생길 거라

걱정하지 마라

당신이 자주 일으키는 그 생각이

바로 눈앞에 펼쳐지게 되어 있다

8
월

27
일

넘어지는 것을 두려워 말라

괜찮다

넘어질 때마다

다시 일어서면 된다

5월

5일

내 안에 있는 작고 어린 아이

그 아이가 외롭지 않게

그 아이가 두렵지 않게

다독이고 챙기며 돌보는 하루

오늘은 내면아이를 챙기는 날

8월

26일

눈부시게 아름다운 오늘

눈부시게 빛나는 나를 만나

눈부시게 찬란한 순간을 살아감에

모든 순간

모든 일들이

찬란하다

5월

6일

매사가 순조롭다

매사가 순조롭게 흘러간다

매사가 순조롭게 해결된다

매사가 순조롭게 좋아진다

매사가 순조롭게 풀린다

8
월

25
일

손금이 좋다 해도
관상만 못하고
얼굴이 잘났다 해도
마음만 못하다
마음이 편안해야 얼굴이 편안하고
얼굴이 편안하니 복도 가득하다

5
월

7
일

미련 갖지 마라

내려놔야 좋아진다

8
월

24
일

존재하는 것보다

더 위대한 것은 없다

5
월

8
일

태어난 것도

자란 것도 배운 것도

세상에 나 혼자 한 것 하나도 없네

태어나게 해주셔서 감사합니다

나의 부모님

8
월

23
일

너무
애쓰지 마라
충분히
잘하고 있다

5월 9일

너무 가까우면
상처받기 쉽고
너무 멀리하면
도태되기 쉽다
매사에 적당한 거리를 두라

8
월

22
일

지금 그 걱정 툭! 놓아버리자

그리고 이렇게 말해보자

그래, 그렇게 되어도 괜찮고

그렇게 되지 않아도 괜찮다

내가 보는 모든 곳에 축복이 쏟아진다
내가 닿는 모든 곳에 사랑이 쏟아진다
내가 있는 모든 곳에 기적이 이루어진다
내가 있는 모든 곳에 희망이 쏟아진다

걸려도 감사하고

넘어져도 감사하고

일어나서도 감사하라

5
월

11
일

이기고 지고에 구애받지 않으면

그 자리가 승자다

나고 죽음에 구애받지 않으면

그 자리가 극락이다

8
월

20
일

지금 이 글을 보는 당신은

참 특별한 존재입니다

특별한 당신이 살아있는

이 지구별도 참 특별합니다

바로 특별한 당신이 있기 때문입니다

5
월

12
일

구하지 말라

이미 내 안에 있다

8 월 19 일

단순하라

복잡하게 생각 말라

지금 이 순간만 바라보라

지금 이 순간에 집중하라

지금 이 순간에 몰입하라

이것을 반복하라

현재 함께하는 인연을 아끼되

그 인연 또한 지나가는 인연임을 안다

지나가는 인연이기에

이 순간 소중히 여기고

마음을 다하면 그것으로 충분하다

앞을 봐도 믿음직하다

뒤를 봐도 사랑스럽다

눈을 감아도 눈을 떠도

거울에 자꾸 비쳐봐도

내 모습이 그렇다

5
월

14
일

나는

정말

잘하고 있다

그 누구도 아닌

자신에게 의지하고

자신을 등불 삼아

자신의 본성을 믿고

무소의 뿔처럼 나아가라

5
월

15
일

사람을 아끼되 사람에게 의지하지 말라

돈을 아끼되 돈에게 의지하지 말라

스승을 아끼되 스승에게 의지하지 말라

온전히 의지할 존재는 나밖에 없다

8
월

16
일

인생은
잘 놀다 가는 것

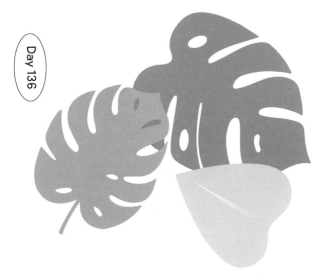

5월 16일

모든 면에서 좋아질 수 있는 힘

이미 내 안에 존재한다

모든 가능성이 나를 기다린다

그날이 바로 오늘이다

그 눈부신 날이 바로 오늘이다

8
월

15
일

세상에서 참 특별하다

세상에서 참 소중하다

세상에서 참 귀하다

세상에서 하나밖에 없다

나는 오늘 내 인생에 깃발을 꽂는다

나는 오늘 내 삶을 해방한다

5월 17일

오늘도 주어진 환경에 감사하며

긍정적인 마음, 밝은 마음으로

어느 곳이든 주인의 마음으로

자족(自足)하며 살겠습니다

감사합니다

이유 없이 감사합니다

조건 없이 감사합니다

어떠한 상황에도 감사합니다

5
월

18
일

욕심이란

노력하지 않고

받기를 바라는 마음이다

눈앞에 있는 모든 것이 좋아집니다

눈앞에 있는 모든 것이 희망입니다

눈앞에 있는 모든 것이 기적입니다

귀에 들리는 모든 소식이 좋아집니다

귀에 들리는 모든 소식이 희망입니다

귀에 들리는 모든 소식이 기적입니다

5
월

19
일

나는 나를 믿는다

나에 대한 흔들리지 않는 믿음만이

오로지 나를 향한 응원이고

나를 일으켜 세우는 지지대다

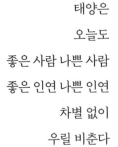

8
월

12
일

태양은

오늘도

좋은 사람 나쁜 사람

좋은 인연 나쁜 인연

차별 없이

우릴 비춘다

오늘 진실하고 다정한 말을 한다
신뢰의 말을 한다
편안하고 평온한 말을 한다
좋은 말을 하고 바른말을 한다
그런 말을 하는 내가 참 고맙다

8월

11일

한 생각에 속박되지 말라

변화할 것에 마음 내지 말라

한 감정에 마음 쓰지 말라

바뀔 것에 마음 주지 말라

5월 21일

절망은

속단이다

8
월

10
일

들숨과 날숨을 지켜보면
생각이 점점 옅어진다
가장 편안하게 숨을 들이마시고 내쉬며
호흡하는 그 순간에만 머물러본다
어느새 텅 빈 나를 만난다
아, 텅 비었다

내 몸은 아무 문제 없습니다

내 몸은 본래대로 되돌아갑니다

내 몸은 태초의 몸으로 되돌아갑니다

내 몸은 이미 평온합니다

내 몸은 이미 온전합니다

8월 9일

세상에는 의지대로 할 수 있는 일과

의지대로 할 수 없는 일이 있다

다만 할 수 있는 일에

힘을 조금 더 보태고

할 수 없는 일에 힘을 조금 빼자

그러니 모든 것이 풀리더라

5월

23일

즐거움만 있길 바라는가
괴로움이 사라지길 바라는가
다만 준비하고
다만 대비할 뿐
즐거움과 괴로움은
따로 있지 않다

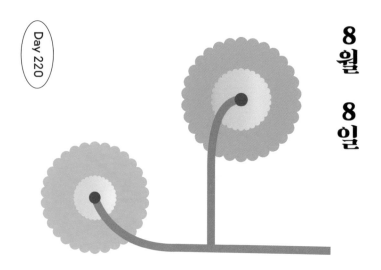

8월 8일

눈 뜨자마자

말하라

오!

오늘도 살았네

월

24
일

Day 144

아
이런 생각이 올라오는구나
아
이런 감정이 느껴지는 구나
아
이런 느낌이 드는구나

8
월

7
일

지금 여기서 사랑합니다

지금 여기서 행복합니다

지금 여기서 희망입니다

바라는 게 없으면 실망도 없다

지금 당신이 상처 받은 이유는

그 존재에게

바라는 뭔가가 있었기 때문이다

8
월

6
일

다만 기도하라
다만 발원하라
다만 희망하라
그곳이
어디든

지금 내 곁에 있는 인연, 덕분입니다

지금 내 곁에 있는 인연, 감사합니다

지금 내 곁에 있는 인연, 희망입니다

지금 곁에 있는 인연이

가장 좋은 인연입니다

8월 5일

나는 억세게 운이 좋은 사람이다
나는 매일매일 모든 면에서 좋아진다
나의 삶 속에 좋은 인연이 찾아온다
나는 모든 면에서 술술 풀린다

5
월

27
일

뭘 그렇게 고민하오
다 바람이라오
뭘 그렇게 걱정하오
다 한순간이라오

8월 4일

빌지 말라

이미 내 안에 있다

행운의 창조자가

바로 나다

우주는 기다린다

나의 명령을

나는

존재만으로도

참 충분한 사람입니다

참 괜찮은 사람입니다

8월 3일

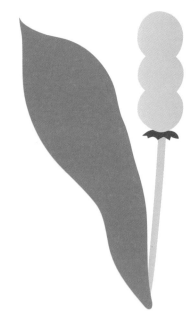

오늘 따뜻한 눈빛

오늘 입가에 미소

오늘 편안한 얼굴

오늘 인자한 마음

오늘 참 좋은 날

5
월

29
일

지금 내뱉은

말 한 마디가

삶을 일으켜 세우기도 하고

망가뜨리기도 한다

8월

2일

지금

내 옆에 있는 인연이

가장 좋은 인연이다

5
월

30
일

지혜로움은
잘 보는 눈이다
꽃도 잘 보고
사람도 잘 보고
거울 속에 비친 내 눈도 잘 보고
내 눈에 비친 내 마음도 잘 보고

8
월

1
일

오늘 하루

난생처음

맞이하는 날처럼

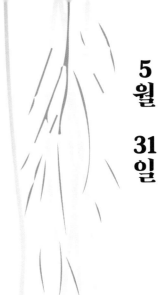

5
월

31
일

모든 인연은

이유가 있어

만나게 된다

내가 만나는 모든 인연이

번뇌와 고통에서 벗어나 행복하시기를

내가 만나는 모든 인연이

질병과 병고에서 벗어나 평온하시기를

내가 만나는 모든 인연이

가난과 부족에서 벗어나 풍요로우시기를

6월 1일

오늘 하루 얼마나 기다려온

그날이 펼쳐질지

모든 펼쳐짐은

내 마음 한자리에서 시작됨을

펼쳐진 하루 도화지에 붓을 흘린다

7
월

30
일

오늘도 잊지 않고 기억하기

나는 이 우주가
바라고 바라서 태어나
이 세상에
단 하나뿐인 존재

6
월

2
일

호흡할 때마다 알아차리고

걸을 때마다 비워내며

만나는 모든 인연에 진심으로 대하며

오늘도 살아있음에 감사합니다

7
월

29
일

좋은 때는 없다
나쁜 때도 없다
때는 내가 만든다
가장 좋은 때는
지금뿐이다

6월 3일

내가 나를 사랑하리

내가 나를 귀하게 여기리

내가 나를 인정하리

내가 먼저 좋은 존재가 되리

내가 먼저 마음을 내니

모든 곳에서 주인이 되네

내가 웃으면

오늘 하루도 웃는다

참 좋은 인연 지어진 날

참 좋은 일이 일어날 것만 같은 날

그날이 바로 오늘이다

6월

4일

걱정하지 마라

두려워하지 마라

나를 충분히 끌어안아라

거울을 보고 눈을 보라

그리고 미소 지으라

그거면 됐다

7
월

27
일

바른 생각을 한다

바른 말을 한다

바른 행동을 한다

바른 습관을 가진다

바른 직업을 가진다

바른 삶을 살아간다

6
월

5
일

한 걸음에 온 마음을 실어본다
한 발자국 한 발자국에 깨어있는다
한 걸음 한 걸음에 감사한 마음을 낸다
내가 지금 걷고 있는 이곳은
너무나 감사하고 아름다운 지구 위다

7월

26일

원인을 지으면
반드시 결과가 따른다
인연을 지으면
반드시 과보가 따른다
오늘 나는 어떤 인연을
지을 것인가

6
월

6
일

고맙습니다

덕분입니다

축복입니다

사랑합니다

희망입니다

사람을 바꾸려 하지 마라

남을 바꾸려 하는

마음은 욕심이다

사람은 각자의 삶 속에서

변할 계기가 있어야 바뀐다

그전에는 쉽게 변하지 않는다

견뎌내니

성장하고

이겨내니

성숙해지더라

단순하게 사는 것이

복잡하게 사는 것보다 더 어렵다

나는 오늘도 비운다

지금 바로 내려놓는다

6월

8일

운이 좋다

살아있으니까

운이 좋다

숨 쉴 수 있으니까

나는 운이 좋은 사람이다

7월

23일

가장 소중하고

가장 아름답고

가장 귀하며

지금 살아

숨 쉬고 있는 내 모습

그대로에 만족한다

날마다 날마다 찾아온다

좋은 인연이 찾아온다

물 흐르듯 나에게 찾아온다

7
월

22
일

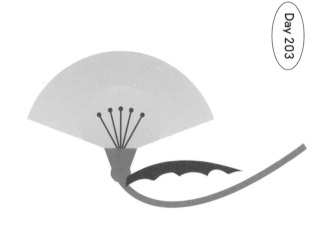

1년 전 오늘,

무슨 걱정을 했는가

아무리 기억하려 해도

그 걱정은 어디에도 없다

혹시 아직도 걱정하는가

6
월

10
일

나는 지금 그대로의 내 모습을 존중한다

나의 삶은 어디에도 걸리지 않는다

나는 더 자유로워진다

나의 삶은 점점 더 흥미로워지고

발전적으로 되어간다

나는 성장해간다

7
월

21
일

욕심이 많은 사람을 멀리하라

화를 잘 내는 사람을 멀리하라

불만이 많은 사람을 멀리하라

내가 그런 사람이 아닌지

항상 살펴라

시간이 날 때마다 마음을 살펴라

감정적인 판단에 흔들리지 말고

순간적인 감정에 민감하지 말라

조금 거리를 두고 잠시 심호흡하라

그 상황을 물끄러미 살펴보라

7
월

20
일

나의 생각은 말이 된다
나의 말은 행동이 된다
나의 행동은 습관이 된다
나의 미래는
지금 내가 어떤 생각, 말, 행동을
하느냐에 달려 있다

6월   12일

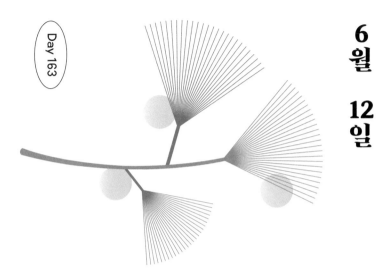

어떠한 것에도 미동하지 않으리

모든 것을 받아주는 바다처럼

그저 묵묵히 머무는 대지처럼

무한히 펼쳐진 하늘처럼

세상을 움직이는 힘

사랑을 움직이는 힘

돈을 움직이는 힘

희망을 움직이는 힘

기적을 움직이는 힘

그 모두 내 안에 있다

기적은 멀리 있지 않다

지금 실천하는 당신이

만날 벗의 이름이

바로 '기적'이다

**7
월

18
일**

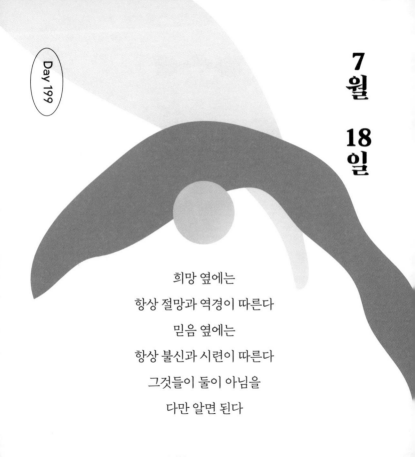

희망 옆에는
항상 절망과 역경이 따른다
믿음 옆에는
항상 불신과 시련이 따른다
그것들이 둘이 아님을
다만 알면 된다

6
월

14
일

나쁜 생각을 하면

나쁜 일이 생기고

좋은 생각을 하면

좋은 일이 생긴다

나는 오늘 좋은 생각을 한다

생각이라는 것에 휘둘리지 않는다

생각은 그저 나의 소유물일 뿐,

내가 아니다

생각은 내가 아니다

6
월

15
일

내 인생에 찾아올 놀라운 기적들이
내 삶 속에 드러날 행운의 기회들이
점점 더 나를 향하고 있다
내가 가는 곳마다 좋은 인연들이
언제나 나를 돕고 기회가 가득하며
좋은 일들이 나를 찾아온다

7

월

16

일

모든 것을 걸고

깨어있어라

6월 16일

자신을 불신하는 것은
삶을 망치는 가장 큰 실수다
바로 믿고 바로 보라
무한한 믿음의 존재
그 존재가 나임을
바로 믿고 바로 보라

7월

15일

그 누구에게도 의지하지 않는다
그 어떤 것에도 의지하지 않는다
나는 스스로에게 의지한다
나는 스스로 일어설 수 있는 존재다
나라서 할 수 있다
나라서 반드시 해낼 수 있다

살아내느라

참 애썼다

괜찮은 척 하느라 애썼고

버텨내느라 애썼다

많이도 애썼다

7 월

14 일

나의 삶은 언제나 기회가 가득하고

좋은 일들만 가득합니다

내 인생에 찾아올 놀라운 기적들이

나를 기다리고 있음에 감사합니다

모든 것은 그 자체로 사랑입니다

사랑하세요 사랑하세요 사랑하세요

잊지 마세요

당신이 곧

사랑이라는 것을

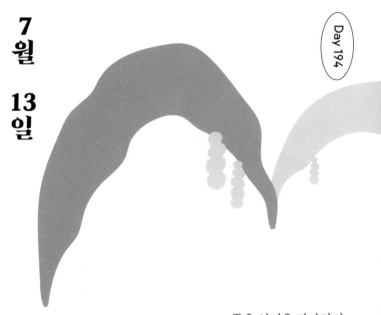

**7
월**

**13
일**

Day 194

좋은 인연을 만나려면

인연의 크기는 관심에 비례하고

인연의 깊이는 배려심에 비례한다

6
월
19
일

오늘 나는 친절을 건네는 사람이다

웃음을 가져다주는 사람이다

나는 그런 사람이다

7
월

12
일

명상은

내 삶을

가장 윤택하게 만드는

방법이다

핑계는 또 다른 핑계를 부른다

핑계 대지 마라

핑계 댈 일만 늘어난다

지혜롭다면 마음을 열고

어리석다면 마음을 닫아라

지혜롭다면 세상을 받아들이고

어리석다면 세상을 등져라

과거는 지나갔다

미래는 오지 않았다

오직, 지금뿐이다

7
월

10
일

우주가 나에게 준 선물이 있다

바로

지금

여기

6월

22일

가끔 모두 부질없을 때
가끔 모두 놔버리고 싶을 때
그 순간 그저 감사하라
내가 나를 일으켜 세우는 힘,
그것은 감사에서 시작된다

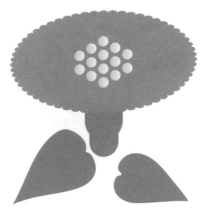

나를 도울 수 있는 유일한 존재는

바로 나임을 잊지 않는다

항상 나의 희망 의식이

마음의 중심에서

나를 좋은 곳으로 이끌고 있음을

잊지 않는다

내가 지금 살아있는 이유는

신이든 그 누구든

나의 존재가 필요하기 때문인 것

세상은 당신이 필요하다

7월 8일

오늘 아침 일어나니
좋은 생각이 가득하다
좋은 기운이 나를 감싼다
좋은 인연이 나에게 다가온다
오늘이 바로 그날이다

6
월

24
일

어쩌면

간단하게 사는 것이

복잡하게 사는 것보다

더 어렵다는 것을 알고 있는가

7
월

7
일

천천히 호흡하라

코로 깊게 숨을 들이마셔라

모든 걱정을 입으로 후— 불어내라

걱정은 한 생각에서 시작된다

걱정은 한 호흡으로 사라진다

평화로움이 숨 쉴 때마다 찾아온다

살다 보면 사람과 참 맞지 않는다는

생각이 일어난다

한평생을 한 지붕 아래 살아도

다를 수밖에 없는 것이 사람이다

7
월

6
일

세상의 모든 존재가

나를 깨우치게 해주는

고마운 존재다

그 어떠한 것에도 깊이 의지하지 말고

마음속 깊은 희망을 믿고

자신을 추앙하자

스스로를 존중하고 존경하자

7
월

5
일

부가 파도처럼 밀려온다

풍요가 파도처럼 밀려온다

내가 원하는 모든 것이

파도처럼 밀려온다

이미 나에게 원하는 모든 것들이

파도처럼 밀려오고 있으매 감사합니다

6
월

29
일

당신이 흘린 땀과
노력의 크기만큼
반드시 받게 된다
딱 행한 만큼
받게 된다

7
월

2
일

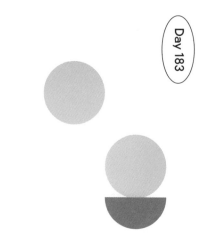

날마다 날마다

좋은 생각이 가득하다

날마다 날마다

좋은 기운이 나를 감싼다

날마다 날마다

좋은 인연이 나에게 다가온다

6월

30일

하늘이 도와주고

땅이 지켜주고

우주가 보호해주니

그 무엇이 두려우랴

오늘 아침

나는 다시 태어났다